Viagem a Florença

Cartas de Nise da Silveira a Marco Lucchesi

MARCO LUCCHESI

VIAGEM A FLORENÇA

Cartas de Nise da Silveira a Marco Lucchesi

Rocco

Ilustrações no interior do livro: Freepik

Direitos desta edição reservados à
EDITORA ROCCO LTDA.
Rua Evaristo da Veiga, 65 – 11º andar
Passeio Corporate – Torre 1
20031-040 – Rio de Janeiro – RJ
Tel.: (21) 3525-2000 – Fax: (21) 3525-2001
rocco@rocco.com.br|www.rocco.com.br

Printed in Brazil/Impresso no Brasil

CIP-BRASIL. CATALOGAÇÃO NA PUBLICAÇÃO
SINDICATO NACIONAL DOS EDITORES DE LIVROS, RJ

L967v

Lucchesi, Marco, 1963-
Viagem a Florença : cartas de Nise da Silveira a Marco Lucchesi / Marco Lucchesi. - 2. ed., ampl. - Rio de Janeiro : Rocco, 2025.

Edição ampliada.
ISBN 978-65-5532-572-0
ISBN 978-65-5595-373-2 (recurso eletrônico)

1. Silveira, Nise da, 1905-1999 - Correspondência. 2. Lucchesi, Marco, 1963- Correspondência. I. Silveira, Nise da, 1905-1999. II. Título.

25-98394.0 CDD: B869.6
CDU: 82-6(81)

Gabriela Faray Ferreira Lopes - Bibliotecária - CRB-7/6643

SUMÁRIO

PREFÁCIO À SEGUNDA EDIÇÃO

Passaram-se vinte e dois anos desde a primeira edição de *Viagem a Florença*. As cartas alcançaram novas sinergias, distintos endereços e sinais. Como que abertas a novos destinatários. Matéria de teses e monografias, roteiros de cinema e cortes teatrais. Um exemplar dessa correspondência compõe a antologia das melhores *Cartas brasileiras*, organizada por Sérgio Rodrigues, em 2017, para a Companhia das Letras.

O livro desvela a face oculta de Nise, o predomínio da delicadeza, quase silêncio e timidez, traço fundamental de sua ação, mais conhecida, todavia, pela firmeza de caráter, por sua coragem e sentimento de dever. Foi o que disse Ferreira Gullar no dia do lançamento.

O núcleo duro de *Viagem a Florença* permanece o mesmo. Além da revisão, cuidadosa e mínima, decidimos incluir um capítulo de *Saudades do paraíso*, "O fio de Ariadne", citado ao longo destas cartas.

Faltou dizer, desde o começo, que a ideia de uma viagem à Toscana, meramente virtual, através de postais, recortes e telefonemas, foi um estratagema para alegrar a dra. Nise, enquanto ela escrevia *Cartas a Spinoza*. Florença, meu objeto de estudo e amor, onde ela sofrera parcialmente uma espécie de síndrome de Stendhal, marcada por Leonardo e Michelangelo, pelo profundo sentimento da beleza.

Agradeço ao editor e amigo Paulo Rocco, e a Vivian Wyler *in memoriam*. Por último, a minha pastora alemã, Renata, que viajou comigo nestas cartas.

Assunção e Niterói, abril de 2025.
M.L.

PREFÁCIO
À PRIMEIRA EDIÇÃO

Durante algum tempo resisti à ideia de tornar públicas as cartas da dra. Nise da Silveira. Era como profanar o silêncio de uma solidão compartilhada, uma constelação de mensagens luminosas, um colóquio fino e sutil. Além disso, o primeiro volume da correspondência, *Cartas a Spinoza*, já atingira a segunda edição e parecia bastante. Publicar este segundo volume demandava uma decisão solitária, unilateral, que tocasse de perto o imaginário dos que se correspondem e que demonstrasse, em tempos mesquinhos e brutais, o valor do silêncio e da amizade.

Não desejava tornar-me *paparazzo* de quanto estas cartas não saberiam resgatar, claros fragmentos de uma experiência viva, histórias de um cotidiano profundo, de arroubos e tristezas, festas e aniversários. Textos que só poderiam atingir a sua plenitude mediante o conhecimento de uma sintaxe e de um léxico nascidos do Eu-Tu. Assim, adjetivos que não adjetivam, substantivos aparentemente secos, embora calorosos, e o uso recorrente dos superlativos, tudo dependia da presença atual dos interlocutores.

Pensava que as cartas deviam pertencer apenas ao rio do tempo, quando alguém chegasse a retirá-las da correnteza, pois que remetente e destinatário não seriam mais que mero fragmento do cosmos, tanto ou mais frágeis que essas cartas.

Mas foi então que surgiu em mim uma força contrária. O valor humano e literário dessas cartas se confunde e se entrelaça de tal maneira, em termos de uma cultura ética, teimosa e arraigada, como Machado e Graciliano souberam fazer. O estilo de Nise, firme, apolíneo, cortante, delicado, movido pela busca permanente da verdade, com seus espinhos e desertos, com suas fontes e jardins, não podia ficar esquecido.

O fato de reunir as cartas não saberia senão representar a gratidão desse humilde destinatário, cujo afeto e admiração que guardou pela dra. Nise clareou uma parte essencial de sua vida.

MARCO LUCCHESI

CARTAS

Dez. 1987

Marco Americo,

encontrei uma pérola nos Cadernos de Rodez de Artaud e logo pensei em mostrá-la a você: *"J'ai vu un Être, celui de l'abeille, vivre, cela me suffit pour toujours."*

Desejo para você um ano-novo de muita alegria, trabalho, felicidades!

Nise

Dezembro de 1988.

Marco,

este *ângelo* musicante virá de Florença até Icaraí tocar para você músicas misteriosas na noite de Natal. Escute-as com muita emoção.

Meus melhores e afetuosos votos,
Nise

Marco *dilettissimo,* o trem veloz chegou carregado das mais belas rosas do mundo. Mas você não veio.

Se isso acontecer outra vez estendo-me sobre os trilhos.

Beijos,
Nise

Diletto,

A locomotiva está *mezza matta.*
Talvez melhore agora.

Nise

Dunque, avendo trovato che nel tuo cuore
'è un affettuoso pensiero per tua bontà
e pur trattando tua aura,
parla a favore di me, io che ora ti scrivo
ti sono grato di tal grazia.[1]

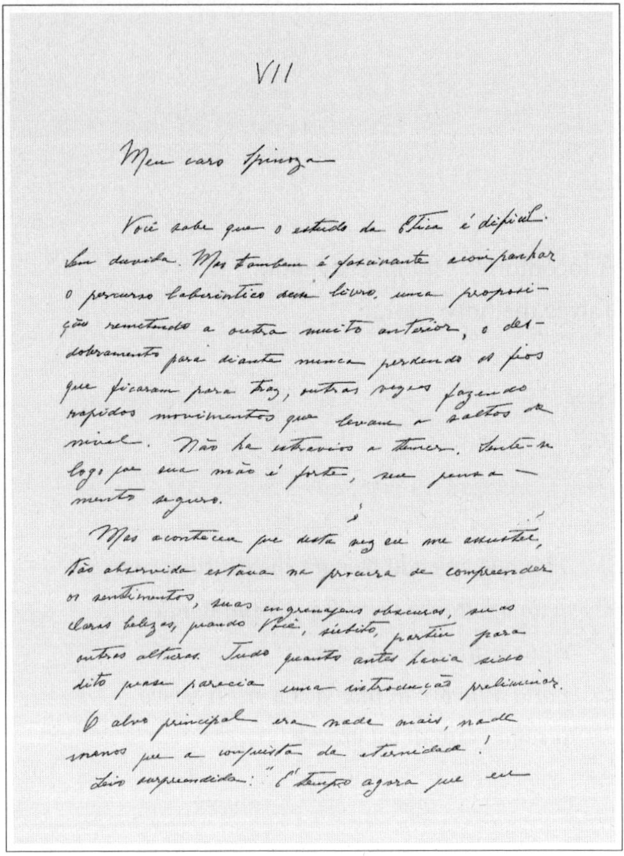

VII

Meu caro Spinoza

Você sabe que o estudo da Ética é difícil.
Sem dúvida. Mas também é fascinante acompanhar
o percurso labiríntico desse livro, uma proposi-
ção remetendo a outra muito anterior, o des-
dobramento para diante nunca perdendo os fios
que ficaram para trás, outras vezes fazendo
rápidos movimentos que levam a saltos de
nível. Não há extravios a temer. Sente-se
logo que sua mão é forte, seu pensa-
mento seguro.

Mas aconteceu que desta vez eu me assustei,
tão absorvida estava na procura de compreender
os sentimentos, suas engrenagens obscuras, suas
claras belezas, quando Você, súbito, partiu para
outras alturas. Tudo quanto antes havia sido
dito quase parecia uma introdução preliminar.
O alvo principal era nada mais, nada
menos que a conquista da eternidade!
Leio surpreendida: "É tempo agora que eu

Trecho da última das *Cartas a Spinoza*.

Marco,

junto mando-lhe um rascunho. Gostaria de discuti-lo com você tranquilamente, se não o julgar demasiado louco.[2]

O mesmo veículo que me levou a Rijnsburg me levará a Pisa. Já estou estudando o mapa.[3]

Abraço muito afetuoso,
Nise

08/06/1989

Marco,

vai aqui um pequeno presente pelo seu doutorado.

Na carta III, última página, última linha do penúltimo parágrafo: segredos muito íntimos, em vez de antigos.

Abraços e saudades,
Nise

26/10/1989

Marco dileto,

Aqui vai a carta prometida. Perdoe o grande atraso.

Caminharei agora para a VII e última. O tema será a morte. Cabeça fria!

Um beijo afetuoso,
Nise

Marco dileto,

Aí vai a VII carta. Não tenha o menor constrangimento em criticá-la com a cabeça bem fria.

Adesso e sempre,
Nise

Querido Marco,

numa semana atribulada seu postal foi a única alegria. Claro que me encanta o enriquecimento de nosso itinerário a partir de Pisa.

Florença, Volterra, agora a *chiesa* Annunziata, e quem sabe outras etapas mais através dessa maravilhosa Itália![4]

Na próxima semana você receberá outra carta a Spinoza. Será uma carta triste. Você a colocará na ordem que lhe parecer melhor.

Com muito afeto,
Nise

09/12/1990

O sagitário, seu símbolo, diletíssimo Marco, exprime o nexo entre a terra e a poesia-céu. A violenta tensão do impulso do arco é um movimento intenso e perigoso. Dividir a tensão entre os extremos seria talvez salutar. Mas se o fascínio da poesia-céu é irresistível, a distensão será inevitável. Aceite seu belo destino.[5]

Grande beijo,
Nise

Marco querido,
Marco *diletto,*

tudo de bom, de belo, feliz, luminoso para você em 1990 e em todos os anos futuros.

Gratíssima. Viva!
Nise

Nise e gatos desejam a Marco e seus queridos pais muitas felicidades, muita saúde e paz no ano-novo.

Viva!

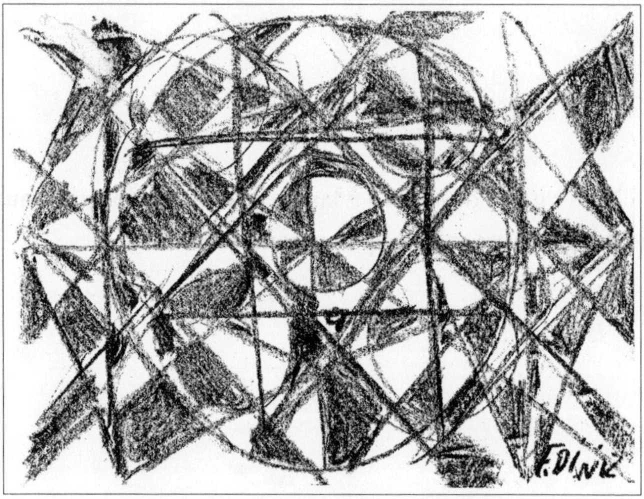

Convite da exposição de Fernando Diniz.

Marco *dilettissimo*,

Este primeiro convite é para você.[6] O percurso das reviravoltas das linhas de Fernando é longo; portanto, demorado. Mas espero que acabem por encontrar você nem que seja em misteriosos caminhos, voos, mergulhos no mar ou na profundeza de vulcões.

E por que nós também não nos encontraremos?
Difícil?

Bacione,
Nise

Quem conhece esses sons lindíssimos? Só duas pessoas no mundo – Spinoza e Nise.

09/09/1991

09/12/1991

Estamos preparando uma belíssima macarronada para o almoço de aniversário de Marco.

Miau! Miau!

21/01/1992

Marco *dilettissimo,*

Aí vai a minha tentativa de prefácio. Peço a você rigor. Certamente está muito ruim, indigno de seu livro magnífico. Mas eu não soube fazer melhor, fazer uma página linda, luminosa, tal como se escrita por Beatrice. Faltou-me capacidade, faltaram-me conhecimentos.

Se você me tem algum afeto, rasgue-o, corrija-o, faça o que for melhor. Não me zangarei. Ao contrário, sentirei que você não tem comigo cerimônias de gente que não se quer bem verdadeiramente.

Bacione,
Nise

Ao terminar a leitura de *A paixão do infinito*, de Marco Lucchesi, fiquei emocionadíssima. Parecerá impróprio que uma modesta amiga que trabalha em outra área, em Psicologia, venha dizer algo sobre esse livro espantoso. Mas acontece que o poeta Marco Lucchesi costuma desfiar os textos que estuda nas mais finas tramas que os compõem.

Vejo a *Divina comédia* como uma viagem através da psiquê, ao mesmo tempo perigosa e deslumbrante. Partindo das profundas trevas do Inferno e aos poucos subindo patamares acidentados do Purgatório para chegar ao Paraíso.

Como poderá o poeta realizar essa viagem prodigiosa? Iniciou-a quando chegava ao término dos nove anos de idade. Percebeu então, em Florença, a luz incandescente que tomou a forma de uma jovem, apenas entrando na idade de nove anos, vestida de *color di fiamma viva*. Jovem que Dante logo denominou Beatriz. Essa visão carregada de numinosidade logo dominou-lhe a mente. Sua imagem, outra vez vista, luminosa, levou-o a um intenso e concentrado silêncio, durante muitos anos de incessante trabalho interior.

Por fim, conseguiu contemplar a bem-aventurada Beatriz, aquela que teve o privilégio de contemplar a face daquele que É. Seguiu dentro da luz eterna e misteriosa até o centro, até o mais alto ponto da grande viagem, que conduz à Mandala, onde se juntam todos os opostos em perfeita unidade.

O poeta Marco Lucchesi acaba por despertar em nós outros, seres humildes, a fervente aspiração de alcançarmos, um dia, esses vértices de luz absoluta que ele, Marco, traduziu apaixonadamente.

Querido Marco,

um pirata amigo fez cinco reproduções melhoradas do Spinoza.[7] Mando-lhe uma. A partir daí tiraremos 50.000 exemplares, no mínimo. Coisa *inconsapevole*![8]

Afeto,
Nise

Le poète de l'espace
est un vrai vagabond
il saute d'une planète à l'autre
d'une étoile à l'autre
en grandes enjambées
il ne porte ni bâton ni sac
il est libre.[9]

Marco *dilettissimo,*

Enquanto o poeta do espaço saltava alegre entre as estrelas, aqui no nosso planeta coisas agradáveis misturavam-se a outras mais que desagradáveis.

Sua carta me *bouleversou* e eu dou de quando em vez fugidas para o espaço livre.

O mundo das imagens creio que está ficando bonito, mas também deu problemas com as "orelhas" que eu recusei. E outras miudezas difíceis de suportar para uma pessoa *inconsapevole.*

Saudades, afeto,
Nise

Marco *dilettttissimo*,

Milton trouxe-me o *Inverta*.[10] Fiquei encantadíssima por tudo quanto você escreveu, sua tão larga posição no mundo, alcançando o velho Marx, no momento massacrado e até morto para muitos de seus antigos apaixonados. Como se as coisas fossem tão simplórias, retilíneas, incapazes de renovação.

Quem jamais extinguirá a criatividade, meu querido poeta!

Mas particularmente emocionaram suas palavras sobre esta sua *inconsapevole* amiga... Primeiro Hölderlin.[11] Na verdade, não lhe escrevi quando recebi, perturbadíssima, o livro. Não escrevi porque me senti incapaz de qualquer comentário. Hölderlin é mais difícil de acompanhar que o próprio Artaud. Fiz várias tentativas, mas nada consegui que pudesse satisfazer a nós ambos, fiquei sempre estonteada, procurando agarrar-me às mãos de Diotima.

Aconteceu entre nós o grande abraço no dia 4 de julho, abraço que já vinha de séculos, como você disse. E, como eu digo agora, abraço estreitando afinidades cada vez mais sutis e afeto cada vez mais forte pelos caminhos do infinito, sem que tenham qualquer influência perturbadora e acontecimentos que possam surgir em planos inferiores, às altas moradas de Diotima.

Agora e sempre,
Nise

16/07/1992

Venha no cavalinho azul,[12]

Nise
18/09/1992

Querido Marco,

A seta de Sagitário sempre atingindo o alvo.
Muita alegria.

Nise

Dez. 1992

Palácio da Signoria – no alto da torre que se ergue sobre sua fachada magnífica, vê-se grande relógio que durante séculos marcou acontecimentos de intensa vida de Florença.

Ao lado do Palácio está a *Loggia* da Signoria, onde se encontram estátuas de autores diversos, inclusive o Perseu de Benvenuto Cellini. À esquerda das *Logge*, alongam-se pequenos *restaurants* que seus frequentadores dificilmente abandonam, ao ar livre, mesmo quando já vem caindo o outono. Ali tudo é mágico.

Veja se você, *dilettto*, consegue reconhecer próxima ao Perseu da *loggia* uma senhora bastante *inconsapevole* para permanecer durante horas inteiras esperando que os ponteiros do relógio do Palácio da Signoria súbito movam-se, sacudidos pela lembrança de emoções intensas que os haviam feito estremecer com maior força ao marcarem certos momentos belos ou terríveis da história de Florença.

06/07/1993

Marco *dilettttttissimo,*

Desde que você entrou e saiu daqui de maneira invisível, estou perturbadíssima. Será que o grande chefe dos poetas do espaço arrebatou você pela janela e fez você se tornar invisível? Tenho feito várias hipóteses para entender tão estranho fenômeno. Tive mesmo receio de ter passado com tais pensamentos para outros estados do ser. Mas creio que agora já voltei ao espaço vulgar, embora ainda insegura.

Impressionante a experiência do homem de Marrocos.[13] É difícil a gente se aguentar no "olho do Ciclone". Comentaremos sobre isso numa ocasião tranquila. Hoje estou tomada pela vivência da invisibilidade.

Fique sabendo que você se tornou outra vez invisível. Dia 30 encerramos o 1º semestre do Grupo de Estudos. O tema da nossa reunião foi o *Banquete,* de Platão. Membros do grupo representaram, ou melhor, leram os textos. A pessoa, uma senhora, falou por Sócrates ou antes por Diotima.

Para encerrar a reunião, apelei para você. E você chegou invisível recitando "Diotima" de Hölderlin na sua belíssima tradução: "Retorna ao coração vazio das gentes, viva beleza..." Vários participantes do Banquete desmaiaram. Espero ansiosa o Leão![14]

A velha amiga,
Nise

18/07/1993

Marco *dilettttttttttt......issimo,*

Lindo, lindíssimo o seu gato mestre.[15] Sabedoria profunda em seus olhos. Sabedoria difícil de adquirir. Talvez ele saiba o caminho da *uniqueness*. Depois de ter praticado muitas lutas marciais e disputas amorosas. Mas tudo isso sempre aconteceu nos telhados e hoje quase não há mais telhados. Mas "os apaixonados do infinito", os mesmos apaixonados da *uniqueness* continuam a buscar.

Certamente estive presente, invisível embora, na noite de autógrafos de Khlébnikov.[16] Este russo perturba-me muito. E ainda mais perturbada estou com o que você me diz sobre a tese de doutorado.[17]

Sinto-me atordoada, rodopiando em meio a coisas belas e outras torpes. Imagine que há agora uma campanha para que sejam vendidas as pinturas e documentos do Museu em benefício dos aidéticos e dos meninos de rua. Coisas que tocam o coração da grande maioria que não sabe discernir as coisas. Isso tem me contrariado muito, mas creio que conseguirei tombar pelo menos uns duzentos trabalhos do Museu. Estou projetando descansar uma semana no convento de Santa Teresa. Levo o gato. Ele concordou, mesmo porque está pensando em fazer rápido curso para as gatas noviças e gatos seminaristas que habitam por lá.

Grande afeto, beijos,
Nise

03/08/1993

Marco *dilettttttttttttissimo,*

Hoje é uma consulta ao poeta que sempre viajou através dos séculos e das estrelas.

Lendo ao acaso o livro *Cláudio, o lírico de Nise,* de Hélio Lopes, encontro: "Na obra de Cláudio, Nise ocupa espaço altamente relevante. Dos sonetos em número de cem, dezesseis falam diretamente de Nise: doze em português e quatro em italiano" e mais adiante (pág. 65): "Dos cem sonetos de Cláudio Manuel, repetimos, doze falam de Nise e dos catorze escritos em italiano, quatro."

Surpreende-me esta Nise, cantada pelo poeta inconfidente em italiano. O fio virá de Virgílio?

Estou intrigada e curiosa. Você conhece estes sonetos em italiano?

Não fiz a projetada pequena viagem de férias. Talvez no sábado levem-me a um sítio onde surpreendentemente há um centro de estudos das religiões.[18]

Se me agradar, fico por lá, nas imediações.

Não interrompa seus trabalhos para procurar os sonetos do poeta mineiro. É só uma curiosidade.

No soneto XCIX, Nise morre.

Nise

30/09/1993

Marco *dilettissimo,*

Não esqueço um momento Crepereia.[19] Estremeço diante de mistério tão grande. Logo de início, deixa Gradiva muito longe. Freud usa sempre seu gênio para trazer do fundo à superfície. E Crepereia é muito mais funda, muito mais misteriosa. Rilke foi mais longe pressentindo na *bambola* "uma gota de alma".[20] E se uma *bambola,* feita à imagem da menina Crepereia, encerrar na sua perfeição de marfim mais do que "uma gota de alma"? Se encerrar a *uniqueness* de Crepereia Tryphaena. É o que me pergunto, mas não penso em nada. Crepereia perturba. Tudo parece acontecer num nível alto ou muito profundo. Talvez seja impossível tocá-la. E você, o que pensa? Por que não me diz algo? Estremeci lendo a palavra "maldição".

Tudo é tão belo, tão requintado em Crepereia. Continuo atordoada.

Afeto, beijos,
Nise

Queridíssimo Marco,

Você está me atordoando. Crepereia me atormenta e passo horas inteiras em torno de sua *bambola*. E você não me diz uma só palavra sobre o que você pensa desse mistério.

E hoje você me propõe outro dificílimo problema: o nome do gato. Recorri logo ao poeta T. S. Eliot, no seu poema "The Naming of Cats",

The naming of cats is a difficult matter
.....
When I tell you, a cat must have three different names,
First of all, there's the name that the familly use daily,
.....
But I tell you, a cat needs a name that's particular,
A name that's particular and more dignified,
Else how can he keep up his tail perpendicular,
.....
But above and beyond there's still one name left over,
And that is the name that you will never guess;
The name that no human research can discover -
But the cat himself knows, and will never confess.
.....
.....
His ineffable effable
Effanineffable
Deep and inscrutable singular Name.

Comparando suas dificuldades para dar um nome a este ser singular, mágico, o mais belo ser da natureza, segundo Leonardo da Vinci, que certamente era um entendido em beleza.

Ia ainda dizer outras coisas, mas acabou de chegar sua última carta. Fiquei desolada! Mas estou certa de que seu gato vai reaparecer. Os gatos são muito susceptíveis. Você, sem querer, o terá magoado? O gato custa a perdoar a menor desatenção. São muito exigentes. Será que você o retirou de alguma página da *Divina comédia*, onde ele se havia estendido? Para um gato, gato, isso é uma ofensa muito grande. Alguma mulher de coração esfiapado terá, sem querer, magoado o gato? O gato é muito sensível. Também é boêmio e talvez o esteja experimentando.

Eu sei quanto eles, quando pensam uma coisa, custam a desprender-se dela. Depois da morte de Cléo, a quem eu dava carinhos e remédios por meio de um conta-gotas, seus dois filhos nunca mais se aproximaram de mim. Decerto imaginaram que o remédio fosse um veneno... Tenho me desdobrado em explicações carinhosas, mas sem resultado algum. Espero com paciência recuperá-los e você também vai recuperar seu belo gato. Cante baixinho para ele. Ele volta, volta, tenho certeza. Escreva-me. O mundo dos sentimentos dos gatos é sincero e não de todo impenetrável. Ele está chegando... ele ouve de longe.

Saudades, beijos,
Nise

09/11/1993

Pensamento da madrugada de hoje – Você teria trazido o gato da liberdade para o seu apartamento? O espaço livre é muito importante para o gato. Só quando menino ele se adapta a recintos fechados e às restrições xxxxxxxxxx[21] dos habitantes de apartamentos. Talvez ele tenha fugido para a liberdade, mas voltará pelo amor. Não desanime, mande notícias,[22]

Nise

O gato de Itacoatiara.

Marco *dilettttissimo,*

Viva! Muitas alegrias, inspirações luminosas, descobertas de mistérios distantes.

Muito afeto da
Cacica da Natureza,

Nise
Tribo Xavante[23]

Marco querido, *dilettttissimo,*

O nome de sua gatinha, assim penso, deverá ser Beatrice, por vários motivos.[24] É um nome muito lindo e significativo. Não esqueça que gatos e gatas são seres muito sensíveis. Facilmente sentem-se ofendidos. Perdoar é para eles dificílimo.

Se você tiver tempo, telefone-me. Preciso de uma consulta literária urgente.

Afeto,
Nise

28/12/1993 (postagem)

Marco diletíssimo, Marco queridíssimo,

não há palavras nesses momentos.[25] Não sei dizer o que desejaria exprimir. Mas fique certo de que estou, de todo coração, solidária com seus sentimentos nesta hora tão difícil de ser atravessada. Decerto Elena está caminhando numa estrada de luz. A única coisa que a poderá perturbar é a saudade de você, é saber que você está sofrendo tanto.

Erga forças. Você as possui.

Use meu nome no convite, assim me sentirei ainda mais perto de você.

Gostaria que você soubesse com certeza quanto meu abraço estreita você junto ao meu coração.

Nise

17/03/1994

Marco, queridíssimo Marco,

Acabo de receber sua carta. Estou emocionadíssima. Já havia recebido o belo poema de Francisconi[26] e o trecho do "Diário de Elena", também um poema que me fez chorar.

Nesses últimos dias, por três vezes comecei a lhe escrever, mas as palavras me parecem tão insignificantes, pálidas, para aquilo que eu queria dizer a você. Inutilizei as cartas começadas apenas, mas permaneci pensando em você, unida ao seu sofrimento.

Marco querido, diletíssimo – uma profunda experiência de amor como aquela que você e sua maravilhosa mãe viveram não pode ser destruída. Você já sentiu isso. Passará por transformações imprevisíveis, tenho certeza.

Você ficará mais corajoso e lúcido diante desse nosso mundo tão difícil de ser entendido.

O comportamento de sua pequena gata não me surpreende. Os gatos sabem tudo, sofrem, amam.

Coragem, querido! Um beijo muito afetuoso,

Nise

07/04/1994

Querido Marco,

Tenho feito força para não importunar você. Mas gostaria imenso que você sentisse quanto estou perto de você, solidária com seus sentimentos. Muito perto mesmo.

Não acredite que eu lhe tenha enviado o convite para "Os inumeráveis estados do ser".[27] Eu não seria tão impertinente e de mau gosto. Alguém apanhou seu endereço na minha agenda para mandar os convites.

Não esqueça a gatinha. Ela sabe muitas coisas que nós desconhecemos.

"O tempo é um grande véu suspenso diante da eternidade para no-la ocultar." Tertuliano.

Paz! Amor!

Velha amiga,

Nise

26/04/1994

Querido Marco,

tenho feito força para não lhe escrever ou telefonar. Quero respeitar seu silêncio, mas ao mesmo tempo desejo de todo o coração que você saiba que estou sempre pensando em você, bem perto de você, no ar, nas nuvens.

Sempre o grande afeto,
Nise

17/05/1994 (postagem)

Marco, diletíssimo Marco,

eu desejaria que você tivesse a certeza de que um fio, um fio forte, inteiro, parte de meu coração para você. Creio que compreendo em profundidade sua dor. Mas compreender é muito pouco. Sou solidária, estreitamente, com seus sentimentos. Não encontro palavras, as palavras que desejaria dizer. Não há palavras.

É sofrer com coragem. No sofrimento há beleza se o vivenciamos corajosamente. Você, meu querido, tem condições para isso. Não se deixe abater. Sua maravilhosa mãe sem dúvida merece um sofrimento corajoso, muito belo. Não sei dizer tudo quanto desejaria. Só lhe asseguro do meu afeto constante, afeto que possa aquecê-lo um pouco numa chama silenciosa. Aceite-o junto com grande beijo,

Nise

14/06/1994

Marco, queridíssimo Marco,

fiquei feliz em ouvir sua bela voz anunciando-me uma visita e o livro que espero com ansiedade.

Sinto que você está subindo corajosamente uma montanha de pedras, mas estou certa de que do outro lado as coisas que agora desconhecemos são suaves e belas.

Até breve diletíssimo,

Nise

11/07/1994 (postagem)

Leo escreve a Beatrice

Fiquei feliz de saber que você se aconchega no colo de Marco enquanto ele estuda, escreve. Você logo descobriu que estava junto a um poeta. Numa relação estreita com o poeta amigo, você o levará a descobrir coisas extraordinárias, estou certo.

Sei que uma verdadeira relação de amor de um ser humano com o ser gato é arte muito difícil. Sutilíssima arte. Por telecomunicação você já me disse que está confiante. Longas experiências da espécie gato já lhe ensinaram que as decepções, duras decepções, não são raras. O bicho homem é muito pretensioso, julga-se superior a todos os seus irmãos que vivem neste planeta. Nós, os gatos, sem dúvida, somos superiores a todos os habitantes da Terra.

O homem nunca alcançará a capacidade elegante de saltar de grandes alturas, coisa que nós fazemos tão facilmente. Nem o dom de ver as notas musicais tomarem lindos contornos, segundo o privilegiado Stravinski descobriu: enquanto ele compunha, seu amigo gato saltava para brincar com as notas. O mesmo aconteceu a outros músicos, mas eles não sabem o que está acontecendo. Tão longe estão de uma profunda relação com o gato, enquanto este tenta desvendar-lhes segredos inutilmente. Os poetas são mais afins com o gato, que o diga Baudelaire. Por isso estou contente que você esteja junto de Marco. Mas não fique satisfeita apenas com a proximidade. Sei que ele não é arrogante como o comum dos humanos. Você poderá suavemente transmitir-lhe muitas sutilezas. Alimentos, vagas carícias são totalmente insuficientes. Diga-lhe que os gatos são muito misteriosos. Seus olhos lindos alcançam esferas astrais, que jamais os homens alcançarão, enquanto estiverem prisioneiros nas suas espessas vendas corporais.

Nise pede-lhe para você dizer a Marco que ela está esperando o livro com o maior interesse.

Beatrice – um beijo,
Leo

27/07/1994
Remetente: *Leo da Silveira*

Querido Marco,
Amada Beatrice,

Seu livro está iluminando toda nossa pequena casa.[28] Nise anda com ele de um andar para o outro, não o solta um instante. Ela está muito decepcionada com o bicho gente e por isso agora esforça-se em metamorfosear-se num gato. Aprovo esta decisão de nossa amiga.

Espero que você ame cada vez mais Beatrice e lhe dê o carinho que ela merece.

Eu estou ficando velho e um tanto impertinente, mas Nise me adora.

Desejo que você se conserve corajoso como um gato que compreende os segredos das múltiplas vidas.

Beijos e muito afeto para você e Beatrice. De Nise também, certamente.

Nosso carinho,

Leo – Nise

07/09/1994

De William Soares, "O filósofo: Beatrice e Lucchesi".

O Sagitário é uma imagem de sublimação. O centauro, os pés encravados na Terra, com mãos firmes busca orientar a flecha em direção às estrelas. Aí está por que você sente "a nostalgia do mais".

Constante afeto,
Nise

09/12/1994

Querido Marco,

Viva o Natal!
Viva o projeto filosófico[29] de Curitiba,

Nise

Diletíssimo Marco,

eu estava pensando em lhe escrever justo no momento em que você me chamou no telefone.

Estas sincronicidades são quase sempre auspiciosas.

Eu estava pensando no Eco,[30] na sua saúde e ânimo visto de um ponto alto, e também queria saber notícias das reações de Beatrice, coisa que considero muito importante, de significações muito importantes. Carlinhos ontem deu-me uma forte dentada no polegar esquerdo. A linguagem dos gatos é difícil e misteriosa. Talvez sendo você tão dotado para as línguas, breve consiga compreendê-la.

Quanto ao pedido de seu amigo,[31] tenho grande dificuldade em aceitá-lo por me sentir incapaz de satisfazê-lo. Eu diria a seu amigo que é uma grande imprudência entrar nessas Terras. Antes seria preferível ele sugerir aos leitores que estudassem francês, italiano. Para que um gato compreenda um poema de Baudelaire... Eu tenho de ler o poema no mínimo dez vezes. Nosso português é áspero e a linguagem dos gatos é sutilíssima.

Além dos poemas que se referem a gatos, uma vez tive o atrevimento de ler para o Leo a *Invitation au voyage*. Foi um desastre: ele não deu a menor atenção e eu me senti de uma horrível estupidez. Na minha opinião, seu amigo deverá estudar língua mais flexível, mais sutil que o português.

Você escolheu o caminho certo. Até o alemão de Hölderlin conseguiu amaciar.

Mas o assunto importante desta carta é Beatrice. Penso que você deverá continuar com a música e acompanhá-la de palavras em italiano. Assim você duplicará a possibilidade de diálogo com ela.

Molti baci e bacione,
Nise

Marco e seus desastrados auxiliares, preparando uma gostosa macarronada.

Bom apetite!

Beijos,

Nise

Querido Marco,

Aí está uma cena do nosso Spinoza, apresentada no Recife.[32]

Afeto,
Nise

Querido Marco,

Muito grata pelos belos poemas à noite que você nos tornou luminosos.

Nise

Querido Marco,

Muitas felicidades, muitas alegrias no ano-novo. Beijo para Beatrice e filhos. A amiga de sempre,

Nise

Querido Marco,

Acabo de ler o capítulo "O fio de Ariadne".[33] Fiquei emocionada e, sobretudo, surpreendida. Você ainda não sabia que estamos casados já faz muitos anos? O prazo dado pelo Milton foi há muito tempo. Será que sua sensibilidade tão fina, talvez atrapalhada pela poluição grosseira da atmosfera do Rio, não deixou chegar até você a sutileza dos fios de nosso inquebrantável casamento? Você manda quanto quiser. Não era importante. Sei que sou única.

Bacione,
Nise

Marco,

Estou com a triste impressão de que você está aborrecido comigo. E eu não posso aceitar que este sentimento, esta impressão, se prolongue dentro de mim. Você repetiu as palavras do Milton pelo avesso. Detesto os avessos. Prefiro as negativas e até as agressões. Olhei a folhinha. Era aquilo que se impunha. Minha reação foi pouco inteligente e grosseira. Era preciso apelar para um grande perdão. Tomei então o caminho indicado pelo sufista Henry Corbin que conduz a sofia. Tudo poderá ser perdoado.[34]

Ainda estou mais perturbada e emocionada relendo o capítulo do seu livro *Saudades do paraíso*: "O fio de Ariadne".

Dra. Nise e Marco no lançamento de *Saudades do paraíso*,
Rio de Janeiro, 1996.

Querido Lucchesi,

Estou doente, por isso não lhe tenho escrito.
Saudades e abraços,

Nise

Marco,

a b c d não posso escrever mais. Estou muito doente, abandonada e tentando fazer amizade com a morte. Não é tão difícil.

O grande afeto de sempre,

Nise

CONVERSA

O relógio de Florença com Nise da Silveira

Aos 87 anos, em pleno vigor intelectual, Nise da Silveira lança *O mundo das imagens*, resultado de suas pesquisas inovadoras na psiquiatria. Nise aborda os inumeráveis estados do ser e a paixão da unidade.

P – *Uma foto ficou famosa: o indicador de Jung sobre uma das mandalas do Engenho de Dentro. Foto de Almir Mavignier, tirada em Zurique. Jung apontava para novos caminhos, que a senhora solitariamente aprofundou. Mas e o indicador de Freud?*

R – O indicador de Freud parece muito importante, porque realmente foi ele que, com a publicação de *A interpretação dos sonhos*, abriu primeiro as portas do inconsciente. E o jovem Jung nessa ocasião compreendeu e entusiasmou-se por esse caminho. O que aconteceu é que o caminho de Freud, apesar da genialidade incontestável, parou no meio, naturalmente dentro do espírito do tempo, que era ainda o da filosofia de Newton e Descartes. Ele pretendeu sempre reduzir as mensagens do inconsciente ao racional, à interpretação das imagens, que teriam de passar pela palavra, para serem entendidas. Jung esteve apaixonado durante vários anos pelo caminho apontado por Freud.

Mas depois quis andar mais adiante, apesar de ter mantido sempre admiração e respeito pelo gênio de Freud.

P – *Sinto em sua obra uma paixão absoluta pela unidade. Penso na leitura de Nicolau de Cusa, Jakob Böhme, Spinoza. Mas penso especialmente no "planetário de Deus", de Carlos Pertuis. O "planetário" da senhora tem algum nome?*

R – Eu não ousaria dar nome ao meu planetário... se é que eu tenha um planetário. Mas que eu sou apaixonada pela unidade, isso eu sou. Direi mesmo que sou uma amorosa da unidade. Jung é também um apaixonado pela unidade. O encontro dele com a física moderna, desprendendo-se da física newtoniana, foi muito importante. Assim como a física quântica não distingue matéria de energia, Jung também não separa matéria e psique. Isso é o que me fascina particularmente em Jung: o que leva os indivíduos, que estão vivendo outros estados do ser e que se fragmentaram, a tentar restabelecer a unidade própria a cada um. Os pequenos modos da substância infinita – como diz Spinoza. E esses modos têm o direito de ser eles próprios.

P – *A senhora falou dos "estados do ser" de Artaud. "Inumeráveis e cada vez mais perigosos." Qual o impacto disso em sua obra?*

R – Muito grande! Direi mesmo que transformadora. Eu ficava muito insatisfeita com a psiquiatria. Vivia apanhando os prontuários no hospital onde trabalhava e via os mesmos diagnósticos: esquizofrenia, esquizofrenia, esquizofrenia, esquizofrenia. Falando sobre um pintor surrealista, Artaud usa a expressão *diferentes estados do ser*, muitas vezes perigosos. Eu disse: aqui está o que acontece com as pessoas rotuladas sempre de esquizofrênicas. Elas estão vivendo outros estados do ser. E nós temos de admitir esses estados do ser, procurar compreendê-los. E permitir mesmo que cada um viva o seu estado do ser.

P – *Em Spinoza, gostaria de saber o que mais a atrai, se a totalidade, enquanto busca, ou a geometria – o assim chamado* mos geometricum.

R – De uma maneira geral, o que mais me fascina é a totalidade. A geometria em Spinoza é mais um instrumento que ele usa para penetrar os enigmas da filosofia.

P – *Mas eu lhe pergunto: a geometria pode ser uma forma de não sucumbir diante da totalidade?*

R – Sim, a geometria pode realmente segurar muito as desagregações psíquicas. Você me faz pensar na frequência do geometrismo no desenho de muitos pacientes do Hospital Pedro II.

P – *De* O mundo das imagens, *um dos capítulos mais cativantes é o "Simbolismo do gato". Gostaria que a senhora falasse do olhar profundo dos gatos e do fogo (baudelairiano) de suas pupilas.*

R – Na literatura e fora dela você encontra muita gente que gosta dos gatos e outras que são inimigas dos gatos. O gato une e separa. Porque é um ser muito peculiar. As pessoas que amam o poder e desejam mandar geralmente não gostam do gato. O gato só faz o que bem entende. Ele é um monarca absoluto. Baudelaire não sugere apenas o gato "externo". As pupilas do gato voltam-se para dentro. Em sua poesia ele revelou os opostos da psique.

P – *Florença. Praça da Signoria. Torre do Palazzo Vecchio. O relógio marcando meio-dia ou meia-noite. Um pouco de Donatello. Outro tanto de Stendhal. Quando é que saem afinal os contos de Florença?*

R – Não sei. Acho que não saberia dar forma ao estado de ser que vivi em Florença. De onde eu não conseguia mais sair. Foi um sentimento extremamente forte.

P – *Mas e quanto ao relógio? O tempo da história e o tempo aion. O ponto de encontro e a autocura...*

R – Estou de acordo. Me parece que o tempo é o tempo vivido, como chamam alguns psiquiatras. Tempo vivido e espaço vivido. O tempo vivido pode-se tornar às vezes mais importante que o tempo real. E olhando o relógio do Palazzo Vecchio, durante horas seguidas, eu vi com espanto que de repente o ponteiro desandava a se mover. Veio daí a fantasia de que o relógio estivesse recordando episódios da história de Florença, da qual ele participara. Aí eu disse: "No que estará pensando? Nas aventuras de Lourenço, o Magnífico? Nas lutas entre Siena e Florença? Em Savonarola?" A minha ideia era de que de repente a emoção da qual participara em certos momentos era tão intensa que séculos depois fazia desandar seus ponteiros...

O FIO DE ARIADNE[35]

Meu paraíso e meu inferno em teus olhos.
Mikhail Lérmontov

Antes mesmo de conhecer o deserto, eu já visitara outro ainda mais inóspito e desolador, o deserto da loucura.

Um psicanalista me convidara para visitar certo hospital psiquiátrico. A ideia pareceu-me magnífica e – atraído pela curiosidade implacável que me rege – não recusei. Foi em 1986, quando a loucura era vista com olhos de nojo e desaceitação, mais do que em nossos dias, quando, apesar das graves mazelas que atingem e perseguem os loucos, o debate começa a ter – pelo menos o debate – o sinal das coisas necessárias. Visitar o manicômio era uma atitude literária. Como quem buscasse compreender melhor os romances de Cornélio Pena e Dionélio Machado.

O hospital mostrava-se pavoroso e as condições eram de grave desolação. Aquele era mais um presídio do que um hospital. Jamais hei de esquecer os doentes catatônicos, imobilizados horas a fio como estátuas obstinadas, que guardavam um estranho segredo, varadas pelo Sol vespertino, e marcadas por uma beleza rara e contundente. Imagens emolduradas em seus longos corredores, que afundavam para dentro de si mesmos, numa espiral impressionadora.

Um silêncio terrível brotava daquelas paredes. Um silêncio brutal. Um silêncio branco.

O médico que me acompanhava, muito sorridente e solícito, conduziu-me ao setor feminino, abriu as grades que degradavam a humana condição e instou para que eu entrasse. Num gesto sub-reptício, trancou-me com aquelas condenadas, cujo crime teria sido apenas o de terem caído – menos provisoriamente do que eu – nas mãos daquele psiquiatra. Todas viviam na miséria mais hedionda e na santidade mais arrevesada. Trinta numa jaula para dez. A desumanidade imperava naquela masmorra. Já não ocupávamos o espaço, mas era o espaço que nos ocupava. O nome, esquecido. A identidade, quebrada. Mais acachapante do que *A casa dos mortos*, mais duro do que o *Cemitério dos vivos*, mais contundente do que *O alienista* revelava-se aquele tenebroso Hades. Era o triunfo da morte sobre a literatura.

Rostos desfigurados. Dentes precários. Corpos descobertos. Gritavam e avançavam em minha direção. Eram apenas corpos. Abandonados e naufragados. Deformados e estropiados. Uma triste multidão de seios e vaginas fétidas, evocando, a universal decomposição da carne. Uma furiosa vontade sexual esmagava aqueles corpos baldios, não desejados. Por toda a parte, o cheiro insuportável de urina e fezes, água sanitária e regras menstruais.

Um banquete de abutres.

Do hospital ficou-me o cheiro, que me acompanhou durante anos, e suspeito que ainda me acompanhe, misturado ao de outros manicômios. Do Pedro II. De Gorizia e Maggiano –

onde atuaram, respectivamente, Franco Basaglia e Mano Tobino.

Quando o médico decidiu pôr fim à torpe reinação, uma das loucas me oferece – ao cabo de meia hora de inferno – o desenho de uma rosa. Volta-se ao doutor para lhe dizer que devíamos sair juntos. O rosto emaciado, as mãos firmes. Uma dignidade que superava os andrajos que lhe cobriam o corpo esquecido. Tinha os olhos claros. Eram azuis, mas sem brilho. Astros apagados, exorbitados talvez, mas trespassados por uma beleza incomum. Imaginava um noivo. Mais tarde compreendi que a rosa significava a mandala – a ação das forças de autocura – e que, portanto, aquela mulher era uma injusta prisioneira do médico que me aprisionara.

Teresa morreu alguns anos depois. Sem completar os trinta. O céu que seus olhos prometiam. O noivo tão esperado. As bodas que não se consumaram. Teresa!

Chegando em casa, aquelas imagens me torturavam e, para organizar o mistifório de tantos sentimentos, procurei compreender os sinais da loucura, ignorando que começava a abrir de par em par uma porta que me conduziria a um anjo.

Nas bibliotecas, a loucura parecia pertencer apenas à medicina, como se fora uma exclusividade para iniciados. Aturdia-me a distância dos tratados. Um mundo esotérico, diante do qual redobrava minhas forças para bem compreender o que lia. Ao cabo dessas leituras, cujos autores eram Kräpelin, Bleuler e Reuchlin, perduravam o espanto e a indignação. Era pouco.

A abordagem da obra de Freud tornou-se, a partir de então, mais metódica, bem como a dimensão da filosofia e da história, como Jaspers, Canguilhem, Basaglia e Foucault. O salto qualitativo parecia inegável. As razões de ordem social e humana não se chocavam com as de ordem puramente somática.

Mas como chegar ao drama de Teresa. Ao rosto de Teresa?

Conhecia classificações e quadros técnicos, mas que deixavam escapar o sentido das coisas humanas a que meus olhos assistiram naquele manicômio. Voltava-me, na mesma época, para os poemas de Hölderlin e de Trakl, que começava a traduzir. Não compreendia a loucura do primeiro e o suicídio do segundo. Como se fosse possível compreender a morte e a loucura! E mais: parecia uma ofensa explicar a vida de Hölderlin e Trakl a partir daquelas definições orgânicas deploráveis que a psiquiatria ortodoxa oferecia, dissociando-as de sua indissociável pluralidade, como se nada fosse. Como se a psiquiatria (e por que não a psicanálise?) invejasse os heróis. Como explicar a beleza superior das *Quimeras*, de Nerval, ou o sublime do *Zaratustra*, de Nietzsche?

O livro divisor de águas, o livro fundamental, a obra que balançou a minha busca – este livro ocupava incidentalmente a prateleira de economia, e era o *Imagens do inconsciente*. Fiquei comovido até a medula.

Deixara os tratados inumanos e passava ao calor das coisas. O livro conseguia arrostar a riqueza da vida. Os desenhos de Adelina e de Fernando Diniz – que visitei algumas vezes no Pedro II –, de Emygdio e Otávio estavam todos ali.

Mas quem me intrigava mesmo era a autora do *Imagens*, Nise da Silveira; amiga de Jung e de Marie Louise von Franz.

Já conhecia uma parte da sua história. Prisioneira durante quase ano e meio da ditadura Vargas, conhecera Graciliano Ramos, de quem se tornara amiga, como podemos ler em *Memórias do cárcere*. Para sobreviver, imagino Nise da Silveira falando como Quixote: "Fica rezando em algum lugar, enquanto empreendo este combate desigual e perigoso."

Preparou diversas exposições com o trabalho dos internos, entre as quais a de Fernando Diniz, vivendo desde 1949 no Pedro II. Um ser exemplar.

Fernando foi recuperando lentamente a expressão, através das imagens, que nasciam de sua memória essencial, habitando-as. Tudo isso partiu do ateliê de pintura, aberto no hospital em que ele se encontrava. Iniciava-se, então, uma brilhante reviravolta no tratamento da loucura, como jamais se viu em nosso país.

A doutora Nise questionava a fundo a prática psiquiátrica, muito antes que Cooper, Szasz, Goffman e Basaglia encetassem suas críticas ao manicômio, quando ainda predominavam os resquícios do eugenismo no Brasil. A doutora Nise compreendeu as razões que engendraram o hospital, partindo de uma leitura de Marx, aprofundada mais adiante com Foucault. O importante, contudo, foi que a doutora Nise não parou na sociologia. Compreender Fernando exigia bem mais. Tornava-se necessário atrever-se ao *dentro*. Tentar o contato. Desenhar a mediação. Solitariamente, Nise da Silveira abria um horizonte notável.

Não conheço outro livro de psiquiatria tão admirável quanto o *Imagens do inconsciente*. Livro que, em vez do caso clínico, opta pela biografia. Deixa o prontuário e recorre ao diálogo possível: a *emoção de lidar*.

Para Nise da Silveira, quando se destramam as raízes do ser, na selva escura da psique, quando a consciência submerge em noite densa e não estrelada, quando tudo parece perdido, perdura o fio sutil da unidade. E o labirinto da loucura, com as suas paredes espessas e opacas, tem sido o principal desafio da doutora Nise, pronta para surpreender nos desenhos de Adelina, no rosto de Fernando e, especialmente, no olhar de Teresa, a saída, o caminho de volta, a redenção.

Ao conhecer Milton Freire, colaborador de Nise da Silveira, pedi que levasse à doutora o meu pedido de casamento, após enviar-lhe um artigo e um livro que lhe fora dedicado.

A resposta não se fez esperar. Ela achava o casamento prematuro. Aceitava considerar apenas a hipótese do noivado. Marcamos o encontro. Julho de 1987. Fim de tarde.

Já não esqueço nosso encontro. Era uma senhora delicadíssima, de uma fragilidade aparente, ou melhor, de uma fragilidade apenas física, porque dentro dela havia uma vontade férrea, e um ímpeto vulcânico, e uma coragem obstinada, e seus olhos diziam tudo, seus olhos e suas mãos diziam tudo, como que de seus olhos e de suas mãos pudéssemos intuir um segredo, uma força e um desvão, como se neles demorasse apenas a Vontade.

O abraço foi longo e silencioso. Meu coração era um bate-estacas e minha timidez começava a ser demolida. A força de sua exclusividade apoderava-se de mim. Um velho de 23 anos e uma jovem de 84 preparando a cerimônia do chá!

Tardes ensolaradas. Abissais. Tardes que me habitam. Sóis que me incendeiam. Profundezas que me consomem.

Como traduzir o alto sentimento de amizade que nasceu entre nós como a força de um raio? Como abordar cartesianamente aqueles dias inabordáveis, que tanto me impressionaram? Como explicar o poder das afinidades eletivas? Como representar o rosto do anjo?

Omnia vincit amor.

O encontro com Nise da Silveira foi um acontecimento que me levou a meditar os obscuros caminhos interiores, aqueles que levam ao secreto manancial das criaturas, além da superfície e do rumor das coisas, aos claustros e aos jardins cultivados, aos confins mediterrâneos do horizonte, ao chão inacessível da noite, e que determinam, afinal, as leis imponderáveis que regem o humano.

NOTAS

As cartas de Nise da Silveira foram aqui dispostas em ordem cronológica, embora nem sempre tenha sido possível determinar com precisão suas datas. Prevalece a ordem de chegada.

[1] O trem e os trilhos eram o motivo de um postal.

[2] A primeira das *Cartas a Spinoza*.

[3] Trata-se de uma viagem poética, e não física. Ilhas, continentes e galáxias.

[4] A viagem imaginária começa pela Itália.

[5] Fim de semestre. Fadiga. Dores musculares.

[6] É a exposição de Fernando Diniz, realizada no Paço Imperial, Rio de Janeiro, de julho a agosto de 1991.

[7] A dra. Nise enviou-me um exemplar corrigido a lápis e fotocopiado da primeira edição de *Cartas a Spinoza*. Sem data.

[8] A palavra *inconsapevole* significando aspectos ligados ao inconsciente, com a qual se diverte a dra. Nise. Sem data.

[9] Um dos belos poemas da dra. Nise. Data irreconhecível.

[10] Entrevista que concedi ao jornal *Inverta*, Rio de Janeiro, julho de 1992. Milton Freire, nosso comum amigo.

[11] *Patmos e outros poemas de Hölderlin*, agregado mais tarde ao *Faces da utopia* (diminuído e revisto).

[12] O cavalo mítico de Octavio ilustrou o livro *O mundo das imagens* da dra. Nise, lançado no Rio de Janeiro (Academia Brasileira de

Letras, 23/09/1993). A dedicatória: "Marco *dilettttisssimo*, suas *Faces da utopia* convenceram-me de que você é uma rara encarnação, aqui na Terra, do poeta do espaço, essa sutil energia que passeia entre as estrelas. Ao contrário, o livro que agora lhe ofereço é pesado como um paralelepípedo. Felizmente o afeto é leve e translúcido. Nise, set., 92."

13 Mohammed Ali Gherbaoui, autor de *Le pont de lumière.*

14 Alude ao postal dos leões-marinhos que lhe enviei de Mar del Plata.

15 A foto do *meu* gato – como se suportasse o possessivo – inspirou na dra. Nise esse estado de poesia.

16 *Poemas de Khlébnikov,* o livro em questão.

17 Dedicada à dra. Nise.

18 Próximo a Juiz de Fora.

19 Crepereia Tryphaena é o nome de uma menina sepultada em Roma no século II de nossa era. Junto a seus restos mortais, foi encontrada uma boneca, que parecia concentrar misteriosamente a vida de Crepereia.

20 Boneca, em italiano, com referências rilkianas.

21 Trecho ilegível.

22 O gato em questão desapareceu e jamais voltou.

23 Foi como um indígena classificou à dra. Nise.

24 Uma gatinha nova começava a alegrar os meus dias.

25 Carta escrita por ocasião da morte de minha mãe.

26 O poema "Despedida", a que se refere a dra. Nise, foi escrito por Wanderley Francisconi Mendes. Para Elena Dati Lucchesi:

Sobre a verde relva ridente
Pausados passos se movem.
– É preciso viver, diz alguém,
– A vida continua!
Com tristeza olho o céu

Nos tons cambiantes da tarde.
Vida, que mais tens a me revelar?
Sobre a relva, caminhando,
Fico a pensar, relembrando:
Eu vi com meus olhos, eu vi
O rosto de ternura do filho,

Num ritmo de acalanto,
O rosto da mãe acarinhar.
Eu vi com meus olhos, eu vi
O rosto adormecido da mãe
Receber, sob os véus do Sonho
As saudades do rosto querido.
Vida, que mais tens a me revelar?
Eu vi com meus olhos, eu vi
Mãe e filho, no instante somente deles,
Em triunfo celebrar
A vida que não tem fim.
A vida eterna
Do Amor

27 Documentário apresentado no Estação Botafogo.

28 A *paixão do infinito*. Completamente revisto para a edição de *Nove cartas sobre a Divina comédia*.

29 Referência a uma trilha filosófica, a convite de Jaime Lerner, que concebemos no Paraná. A "Trilha do pensamento".

30 Do romance *A ilha do dia anterior*.

31 A dra. Nice declina do convite para prefaciar um livro de Baudelaire.

32 As *Cartas a Spinoza* foram encenadas com grande entusiasmo em Pernambuco. O primeiro a ter a ideia, e que, no entanto, não a pôde concretizar, foi o saudoso Rubens Corrêa.

[33] Capítulo do livro *Saudades do paraíso*, em segunda edição revista.

[34] Cuidadosa ao extremo, não havia motivo de tristeza ou perdão. A amizade é sempre exigentíssima.

[35] Texto que integra a obra *Saudades do paraíso*, mencionado neste livro. 2ª edição, São Paulo: BT Acadêmica, 2019.

Impressão e Acabamento:
LIS GRÁFICA E EDITORA LTDA.